RODOLPHE DE VÉZELAY

EN ESPAGNE

PARIS

DENTU & Cie, ÉDITEURS

LIBRAIRE DE LA SOCIÉTÉ DES GENS DE LETTRES

PALAIS-ROYAL, 15-17-19, GALERIE D'ORLÉANS

1887

EN ESPAGNE

Paris. — Soc. d'imp. Paul Dupont, 41, rue J.-J.-Rousseau (Cl.).

RODOLPHE DE VÉZELAY

EN ESPAGNE

PARIS

E. DENTU, ÉDITEUR

LIBRAIRE DE LA SOCIÉTÉ DES GENS DE LETTRES

PALAIS-ROYAL, 15-17-19, GALERIE D'ORLÉANS

1887

Tous droits réservés.

EN ESPAGNE

On a beaucoup écrit sur l'Espagne, sur ses mu-
sées et ses monuments, ses *señoras* et ses *manolas,*
ses *toreros* et ses *corridas.* Bien des gens, qui n'ont
jamais mis les pieds dans la péninsule ibérique,
pourraient décrire les courses de taureaux, comme
s'ils y avaient assisté. Il n'est pas de livre, ayant
trait à l'Espagne, où ces fameuses courses ne soient
racontées par le menu, depuis le moment où l'alcade jette dans l'arène les clefs du toril, jusqu'à celui
où le taureau, harcelé par les *capeadores,* blessé par
les *picadores,* rendu furieux par la souffrance et
les provocations de ses adversaires, tombe enfin,
foudroyé, aux pieds de l'espada qui, d'un coup
d'épée entre les vertèbres cervicales, lui a tranché
l'épine dorsale. Nous laisserons donc de côté ce

que nos lecteurs connaissent, sans doute, aussi bien
que nous, et nous jetterons seulement un coup
d'œil sur la situation politique de l'Espagne et sur
le rôle que cette nation peut être appelée à jouer
dans une conflagration européenne.

A ce point de vue, on ne s'est guère préoccupé,
en France, de l'Espagne, et on ne s'en préoccupe
pas davantage aujourd'hui. Cependant, les Espagnols pourraient un jour rendre à la France de
réels services, comme alliés, tandis que leur ini-
mitié lui serait funeste, en cas de conflit franco-
allemand. On l'a bien compris à Berlin, et je
montrerai, tout à l'heure, combien les Allemands
font d'efforts pour se ménager l'amitié de l'Espagne,
efforts qui, espérons-le, resteront stériles. Au fond,
les sympathies de la nation espagnole sont pour
la France, et elles triompheront des menées allemandes. Avant tout, les Espagnols sont de même
race que les Français; le même sang latin coule
dans leurs veines; leur caractère, leurs mœurs
mêmes et jusqu'à leur gaieté naturelle les rappro-
chent de la France. Il convient d'appuyer sur cette
gaieté, qui forme le fond du caractère espagnol et
que rien n'a pu altérer, ni les guerres intestines, ni
les besoins financiers, ni les vicissitudes de toute
sorte auxquelles le peuple a été soumis depuis

les temps les plus reculés. Un proverbe dit que le
bonheur suprême consiste à habiter les bords du
Mançanarès, et que, faute de cela, on pourrait se
contenter d'être logé au paradis, si toutefois, au
paradis, il y avait une fenêtre d'où l'on pût apercevoir
Madrid. Il y a loin de l'esprit joyeux et léger des
Espagnols à l'intelligence épaisse de la nation alle-
mande. Là-bas, tout est à l'ordre, à la discipline, à
l'obéissance passive. Ici, au contraire, cette vertu
toute bourgeoise, qu'on appelle le respect de la loi,
n'est pas celle qui est le plus commune aux habitants. D'autre part, on n'a pas à reprocher à
l'Espagnol l'orgueil et la morgue de l'homme en
place. Chez eux il y a un fonds de bonhomie qui,
sans porter atteinte aucune à leur dignité, leur per-
met de ne pas employer l'insolence comme moyen
de gouvernement.

D'ailleurs, pour mieux étudier notre sujet, nous
retracerons l'histoire de la péninsule pendant ces
derniers temps. Remontons à l'année 1868, époque
à laquelle la reine Isabelle, sentant le sol de l'Espagne trembler sous ses pieds, se décidait à quitter
le pays. Cette fois encore, c'est vers la France que la
souveraine dépossédée se tourna, et c'est à Pau, dans
le château mis à sa disposition par le gouvernement
français, qu'elle se retira. Aussitôt la reine partie, la

chute des Bourbons fut proclamée en Espagne et le maréchal Serrano entra à Madrid, aux acclamations enthousiastes de la population. Nous ne jugerons pas ici le règne d'Isabelle II. Nous constaterons seulement que si on lui a fait beaucoup de reproches, l'Espagne lui doit de réels progrès. Isabelle II a été la première reine constitutionnelle d'Espagne, et, sous son règne, on peut dire que le génie même de la nation s'est transformé. « Nous avons eu, nous aussi, notre 89, disait, aux cortès, un député conservateur, car nous avons sécularisé l'enseignement, désamorti la propriété et proclamé la liberté de la presse. Par la tribune et le journal, par la réforme de l'État et les rapports nouveaux que nous avons institués entre le clergé et le pouvoir civil, nous avons rendu possible la discussion de toutes les opinions, de tous les intérêts, de toutes les affaires publiques. »

Peu de temps après l'entrée de Serrano à Madrid, les principaux chefs de la révolution, parmi lesquels se trouvait le général Prim, se réunirent dans la capitale et constituèrent un gouvernement provisoire, chargé de veiller à l'élection des cortès et de leur remettre ses pouvoirs. Bientôt, les élections eurent lieu, et une forte majorité monarchique se déclara aux chambres. Malheureusement, bien qu'on eût voulu d'un roi, on n'en avait pas sous la main. Les cortès furent obligées de nommer Serrano régent du royaume, en attendant qu'on eût trouvé un prince disposé à s'asseoir sur le trône d'Espagne. Ainsi les monarchistes triomphaient et les républicains étaient obligés de faire contre fortune bon cœur.

C'est une curieuse figure que celle du général Prim, qui, à cette époque, était à la tête du ministère espagnol. Citons ici un portrait que fait de lui Castelar, un des membres les plus éminents du parti républicain, dans un discours prononcé le 3 novembre 1870. « Savez-vous, dit l'orateur, quel est le Dieu du général Prim? Le Hasard. Savez-vous quelle est sa religion ? Le Fatalisme. Savez-vous quel est son idéal ? Il rêve de retenir, à jamais, le pouvoir entre ses mains; c'est à cela qu'il sacrifie tout. Les institutions lui importent peu; il les plie à ses convenances. Les lois lui importent moins encore : ce sont des toiles d'araignée que balaye le sabre de ses capitaines généraux. Les partis ne sont rien pour lui : il les dissout. Ses engagements ne l'ont jamais incommodé : il les oublie. Les alliances les plus incroyables ne lui répugnent point, pourvu que lui et les siens y trouvent leur compte. » On voit que Castelar n'avait pas une brillante opinion du général

Prim. Malheureusement pour l'Espagne, ce que le
célèbre orateur républicain reprochait au président
du conseil était vrai. Nous n'accablerons pas la mémoire d'un mort, mais il nous est impossible de son-
ger, sans un sentiment d'amertume, à ce que l'ambition de cet homme a attiré de maux à la France.

Prim ne se maintenait au pouvoir qu'à force de
ruse et d'adresse. Il sentait qu'il fallait à tout prix,
pour se soutenir, mettre un roi sur le trône vide, et
tous ses efforts tendaient à trouver un souverain à
l'Espagne. L'ex-roi de Portugal et un prince de la
maison de Savoie, pressentis, avaient refusé le trône.
Prim se tourna alors vers l'Allemagne. Déjà, à cette
époque, Bismarck avait des vues sur l'Espagne. Il
lui déplaisait de voir les Bourbons y régner et con-
stituer un gage de paix et d'amitié avec la France.
Le chancelier eût voulu mettre sur le trône de la
péninsule un Hohenzollern, neveu de celui qui
n'était alors que roi de Prusse, afin d'attacher ainsi
la fortune de l'Espagne à celle de son pays et de
créer à la France une ennemie qui l'obligeât, le
cas échéant, à diviser ses forces pour lutter sur
deux points de ses frontières à la fois. La candida-
ture du prince Léopold fut mise en avant et Prim
entra en pourparlers directs avec l'Allemagne. On
sait l'issue de ces négociations et nous passerons sur

ce point, qui nous rappelle de trop douloureux
souvenirs. Le prince Léopold ne réussit pas à
obtenir la couronne d'Espagne. Jamais un Hohenzollern n'eût pu régner dans ce pays. Cependant,
il fallait un roi. Victor-Emmanuel, depuis la chute
de l'empire en France, n'avait plus de raisons pour
refuser de placer un de ses fils sur le trône d'Espagne, et, le 16 novembre 1870, les cortès, par
191 voix sur 309, élirent roi Amédée, duc d'Aoste.
La république avait eu pour elle 63 voix, et le duc
de Monpensier, 27.

On espérait beaucoup du nouveau roi, qui avait
toutes les qualités désirables pour devenir un vrai
souverain constitutionnel. A la cour de son père,
Amédée avait été à même d'étudier, de près, les
rouages d'un gouvernement parlementaire. Il se
flattait de ne jamais chercher à influencer les déci-
sions de ses sujets et de respecter, avant tout, la
volonté du peuple, exprimée par la voie du suffrage
universel. Ce règne, on le voit, s'annonçait bien ;
cependant il ne dura pas. Certes, le jeune roi était
plein de bonnes intentions, mais il eût fallu, alors,
une volonté plus ferme que la sienne et une expé-
rience plus grande des affaires pour conduire le
pays. Peut-être Prim, vivant, eût-il pu conjurer le
danger et sauver son prétendant ; mais Prim était

mort, assassiné, avant même que le roi mît le pied sur le sol d'Espagne. Pendant les deux années qu'Amédée resta dans la péninsule, le pays fut agité en tous sens. Les partisans de la république devenaient de plus en plus nombreux, menés par Ruiz Zorilla et par Sagasta qui bientôt formèrent eux-mêmes deux partis distincts. Les cortès, aussitôt élues, étaient dissoutes, et de nouvelles élections avaient lieu, qui amenaient aux chambres une majorité, tantôt zorilliste, tantôt sagastiste. A cette époque, un autre fléau vint s'ajouter à ceux qui accablaient l'Espagne. Les carlistes recommencèrent à s'agiter dans le Nord, espérant profiter du trouble où se trouvait le pays pour amener leur prétendant sur le trône.

Le roi, abandonné à lui-même, essaya vainement de concilier tous les partis. Le maréchal Serrano ne lui dissimulait pas les difficultés de la situation, mais il ne pouvait ou ne voulait rien faire pour les aplanir. La cause de la république gagnait de plus en plus. Amédée crut habile de confier la présidence du conseil à Zorilla, espérant s'attirer ainsi les sympathies de la majorité de la nation. Malheureusement, ses prévisions furent déjouées. Les élections, qui suivirent la venue aux affaires de Zorilla, amenèrent bien aux cortès une forte

majorité républicaine, mais ce fut précisément à
ce fait qu'Amédée dut sa chute.

Peu de temps après la convocation des cortès,
éclata ce que l'on a appelé l'affaire Hidalgo. Un
officier, impopulaire entre tous dans l'armée, venait
d'être élevé au grade de maréchal de camp. Aussitôt
les officiers d'artillerie se réunirent et sommèrent
le gouvernement de revenir sur cette nomination
ou d'accepter leur démission collective. Amédée,
suivant en cela sa ligne de conduite habituelle,
chercha à arranger les choses. Il fit appeler Zorilla
et l'engagea à céder aux instances de l'armée. C'était,
d'après lui, le moyen le plus simple et le plus sûr
de se tirer de la position difficile où l'on se trouvait.
Cependant, le président du conseil ne fut pas de
l'avis du roi, et, peu de temps après, interpellé aux
cortès, le ministère répondit fièrement qu'il ne se
déjugerait pas et accepterait toutes les démissions
plutôt que de revenir sur l'acte accompli. C'était
mettre l'assemblée en demeure de se prononcer
entre le roi et le ministère. Les chambres, par
191 voix, émirent un vote de confiance pour le
ministère.

Amédée eût pu rester, après ce coup porté indi-
rectement à son autorité, mais il comprit que la
nation n'était plus pour lui, qu'un jour ou l'autre

il serait forcé d'abandonner ce trône si instable, et il préféra ne pas attendre, pour le faire, le moment où on lui forcerait la main. Dans une lettre, écrite par lui et adressée aux cortès, lettre dans laquelle il faisait preuve de sentiments dont la noblesse et la hauteur lui acquirent les suffrages de toute l'Europe, le jeune souverain abdiqua. Après avoir été élu, le 16 novembre 1870, par 191 voix, Amédée tombait, un peu plus de deux ans après, le 11 février 1873, sur un vote de blâme que lui infligeaient ces mêmes 191 voix.

Dès que le message du roi eut été lu aux cortès, un congrès se réunit, formé de la chambre et du sénat, qui accepta, à l'unanimité, la démission du souverain et, par 256 voix contre 32, proclama la république. La façon dont Amédée tomba prouve combien peu de partisans il avait en Espagne et combien sagement il a agi en quittant le pays de lui-même. Peut-être ce règne eût-il fini tragiquement, comme le laisse supposer la tentative d'assassinat commise sur la personne du roi peu de temps avant son abdication, et qui, heureusement, ne réussit pas. Quand Amédée quitta Madrid, on ne lui assura même pas une garde d'honneur pour le reconduire à la frontière, et, sur les quelques membres qui composaient la commission chargée de l'accompagner pendant son voyage, la plupart se trouvèrent malades le jour de son départ. Cependant on n'avait, tout au plus, à reprocher au roi que sa qualité d'étranger et un peu de faiblesse, causée surtout pas son extrême désir de ne pas attenter aux libertés du peuple. Qu'eût été en Espagne le règne d'un Hohenzollern ?

Le lendemain même du jour où les cortès acceptèrent la démission du roi et proclamèrent la république, un ministère fut formé, dont on confia la présidence à Figueras. Mais les cortès avaient négligé d'organiser la république qu'elles avaient décrétée, et, lorsque le parlement se sépara, ce fut une simple commission de permanence qui le remplaça et qui fut cause, en Espagne, des plus graves désordres. Les différents membres de cette commission étaient, en secret, partisans d'une restauration monarchique. Ils voulaient aussi le retour de l'assemblée qui s'était retirée après s'être rendue tout à fait impopulaire dans le pays. Peu à peu, ils profitèrent de leur situation pour usurper sur les droits du pouvoir exécutif. Cette situation ne pouvait pas durer. Le 24 avril, la populace de Madrid faillit massacrer les commissaires réunis en permanence, qui ne durent leur salut qu'à la courageuse intervention de Castelar. Il y eut un semblant de résistance.

L'alcade de Madrid faillit même aggraver les choses
en réunissant des troupes, dans le but de lutter
contre celles du général Contreras; mais, finalement,
tout se termina sans qu'il y eût de sang versé.

Le parti républicain, avec Figueras et Castelar,
était plus fort que jamais. Néanmoins, ces deux
hommes d'État ne voulurent pas conserver le rôle
de dictateurs, que la fortune leur avait donné, et,
le 11 mai, ils s'adressèrent au pays pour des élections générales. Le 7 juin suivant, les cortès se réu-
nissaient et chargeaient un des membres les plus
distingués du parti républicain, Pi y Margall, de
former un cabinet. Puis, on proclama la république
fédérative.

Un pareil mode de gouvernement ne peut être
utile qu'à un pays plus mûr que l'Espagne et qui
ait usé, depuis plus longtemps, des libertés consti-
tutionnelles. Le souvenir de la monarchie absolue
était encore trop frais à la mémoire des Espagnols
et la transition fut trop brusque. Le ministère formé
par Pi y Margall ne dura pas. Castelar, qui, bien
qu'ayant suivi Figueras dans sa retraite, était resté
l'un des orateurs les plus brillants et les plus
influents de l'Assemblée, ne jugea pas le moment
venu de remplacer le président du conseil, et Pi y
Margall forma un second ministère qui n'eut pour

résultat que de lui aliéner le parti des cantonalistes :
ceux-ci se retirèrent en masse de l'Assemblée, sous
la conduite d'Orense, leur chef, et se répandirent
dans les provinces pour essayer de les soulever.
C'était le commencement de l'insurrection cantonaliste, qui devait tuer le fédéralisme en Espagne.

On a reproché aux cantonalistes d'avoir pactisé
avec les carlistes pour triompher du gouvernement.
Cette alliance, entre intransigeants et partisans de
la monarchie absolue et de l'Église, ne nous paraît
pas avoir pu exister. Certes, les cantonalistes ont eu
beaucoup de torts. Le premier est d'avoir contribué
à ébranler et à faire tomber la république, dont les
assises n'étaient pas encore assez fortes pour sup-
porter d'aussi rudes assauts et qu'ils auraient dû
s'efforcer de consolider et d'affermir. Mais la joie
qu'éprouvèrent les carlistes lors des défaites des
cantonalistes, et le soin qu'ils prirent de dénoncer
au gouvernement les mouvements de ces derniers,
prouvent, surabondamment, qu'il n'y a jamais eu
aucun rapport ni aucune entente secrète entre les
deux partis.

C'est à Alcoy, ville manufacturière du Midi, située
près d'Alicante, que le mouvement cantonaliste
éclata. La population, soulevée, s'empara de l'Hôtel
de Ville. L'alcade fut massacré, les conseillers mu-

nicipaux jetés par les fenêtres, puis la foule parcourut la ville, pillant et incendiant les maisons, tuant ceux qui faisaient mine de résister. Presque aussitôt après les troubles d'Alcoy, l'insurrection éclata, comme une traînée de poudre, dans tout le midi et l'est de la péninsule. Un grand nombre de villes, parmi lesquelles se trouvaient Séville, Cadix, Grenade, Cordoue, Valence, Alicante, Malaga, se proclamèrent indépendantes. Les autorités s'enfuyaient sans résistance, quand elles ne prêtaient pas main-forte aux insurgés. L'Espagne présentait le spectacle d'un assemblage de municipes, gouvernés par des aventuriers hardis qui étaient arrivés à s'imposer par la terreur.

C'est à Carthagène que se forma le centre de l'insurrection cantonaliste. Les révoltés s'étaient emparés de la citadelle, de quatre cuirassés et de plus de cinq cents canons. Le général Contreras, qui les commandait, établit son quartier dans la ville. Contreras était un habile général et un homme d'action. Pour augmenter ses troupes, il délivra et arma les condamnés du bagne. Ceux-ci, sachant qu'ils retomberaient dans les fers si l'insurrection était étouffée, se battirent avec le plus grand courage et contribuèrent, pour une forte part, à repousser les efforts des troupes gouvernementales.

D'ailleurs, le premier régiment envoyé pour combattre les révoltés fit cause commune avec eux. Ces derniers disposaient de navires, grâce auxquels il leur était facile d'introduire, dans la ville, des vivres de toute sorte, et leur position paraissait inexpugnable. Le gouvernement eut alors l'idée, pour venir à bout des navires insurgés, de les déclarer pirates et d'autoriser ainsi les marines étrangères à les capturer. Mais les étrangers mirent peu d'empressement à s'emparer des vaisseaux intransigeants. C'est à peine si deux d'entre eux tombèrent aux mains de l'Angleterre. Néanmoins, les Anglais et les Allemands, réunis, s'opposèrent au bombardement d'Alméria, que les insurgés allaient entreprendre. Ceux-ci se dirigèrent alors vers Alicante, qu'ils attaquèrent. Heureusement pour eux, les habitants de la ville possédaient de fortes batteries qui ouvrirent un feu meurtrier sur les assiégeants et les obligèrent à rentrer dans Carthagène, après avoir subi des pertes sérieuses.

Le gouvernement, cependant, sentit qu'il fallait faire un effort énergique pour mettre fin à la lutte. Une armée se dirigea vers Carthagène, qu'elle assiégea par terre, tandis que l'amiral Lobo, mis à la tête d'une forte escadre, bloquait le port et repoussait avec succès une tentative de sortie de la flotte intransigeante. La victoire paraissait sourire au gouvernement. Les insurgés avaient été démontés par ce brusque échec. Mais alors l'amiral Lobo, au lieu de continuer le blocus qu'il avait si brillamment inauguré, se retira soudainement, laissant de nouveau les insurgés recommencer leurs sorties et leurs pillages.

A qui ne connaît pas l'Espagne ce fait paraîtra étrange et inexplicable, mais là-bas rien n'étonne. *Cosas d'España*, disent les Espagnols d'un air mystérieux ; souvent ce mot vague n'explique rien, mais cela leur suffit. D'ailleurs, ce n'est pas la seule fois que l'on ait vu, chez eux, un général reculer au moment de frapper le coup décisif. On a prétendu que les généraux, qui sont fort nombreux dans ce pays (il y en a un en moyenne pour trois cents soldats), ont tout intérêt à fomenter des révoltes et à faire durer les guerres intestines, au cours desquelles ils peuvent faire usage de leur épée, au lieu de la laisser se rouiller au fourreau. Voilà pourquoi, dit-on, ils laissent souvent traîner en longueur les hostilités, au lieu de les interrompre brusquement.

Cette opinion est sans doute un peu outrée. Il faut tenir compte des difficultés de toute sorte qui peuvent arrêter un général dans sa marche en avant,

difficultés parmi lesquelles le ravitaillement des
troupes est au premier rang. Et puis, en Espagne,
les généraux ne sont pas seulement des militaires,
ce sont, pour la plupart, des hommes d'État. Là où
le soldat a intérêt à marcher, l'homme politique peut
hésiter et reculer. Au milieu de l'effrayante désorganisation du pays, Lobo a eu, sans doute, des raisons graves qui l'ont obligé à changer sa ligne de
conduite, et il ne faut pas se hâter de le condamner
à la légère.

L'opinion publique s'émut néanmoins, vivement,
à la nouvelle que l'amiral vainqueur avait abandonné le blocus de Carthagène. Les esprits, déjà
fort agités à Madrid, se montèrent encore, et Lobo
fut rappelé. Ce fut Chicarro qui prit le commandement de la flotte. Le nouvel amiral ne se pressa
pas de se rendre devant Carthagène. Prétextant
des mauvais temps, il s'arrêta, pendant longtemps,
à Gibraltar, et, le 9 novembre seulement, arrivé devant la ville ennemie, il rétablissait le blocus. Alors
commença une comédie qui devait durer deux mois.
Tous les huit jours, l'amiral, sous prétexte de re-
faire ses provisions de charbon, levait le blocus et
permettait ainsi aux insurgés de se ravitailler tout
à leur aise. Du côté de la terre, le siège n'était pas
poussé avec beaucoup plus de vigueur. Heureuse-

ment pour le gouvernement, les assiégés se faisaient beaucoup plus de mal, eux-mêmes, que ne leur en causaient les assiégeants. Une junte opposante se forma dans Carthagène, qui réussit à renverser le général Contreras et à mettre, à sa place, un soldat, Galvez.

A cette époque, Lopez Dominguez arriva à l'armée qui assiégeait la place et poussa les opérations avec plus d'énergie. Tandis que la flotte reprenait le bombardement, les troupes donnaient l'assaut par terre et s'emparaient des principaux forts de la ville. Le 11 janvier, les insurgés capitulèrent. Les officiers compromis devaient conserver leur grade dans l'armée; les forçats seraient réintégrés au bagne, mais sans aggravation de leur peine. Seuls, les membres de la junte révolutionnaire ne devaient pas être épargnés. Seulement, le lendemain de la reddition, ceux-ci s'embarquèrent sur la *Numancia,* et, traversant la flotte espagnole qui les laissa passer alors qu'elle eût pu les couler vingt fois, allèrent tranquillement débarquer à Oran, en Algérie. La chute de Carthagène marqua la fin de l'insurrection cantonaliste. Les autres villes ne continuèrent pas longtemps la résistance, et Lopez Dominguez, en récompense de ses victoires, fut fait capitaine général.

Pendant que ces événements se passaient dans le
midi et l'est de la péninsule, les carlistes avaient
soulevé tout le Nord, et, à Madrid, les minis-
tères se succédaient sans parvenir à rétablir l'ordre.
Nous parlerons, tout à l'heure, des partisans de
don Carlos, lorsque nous aurons rapidement passé
en revue les actes des hommes d'État qui se trouvèrent à la tête des affaires pendant cette période de
trouble et de désorganisation.

Pi y Margall, au lieu de former un ministère de
républicains modérés et de combattre résolument
les intransigeants, avait fait entrer, dans son cabinet,
des membres de tous les partis et s'était mis en
pourparlers avec les chefs de l'insurrection cantonaliste, dans le but de transiger avec eux. Cette
politique ne pouvait réussir. Les missionnaires,
envoyés aux révoltés, ne les convainquirent pas, et
ceux-ci, loin de cesser les hostilités, redoublèrent
d'efforts pour faire triompher leur cause. Pi y Margall fut obligé, le 2 juillet, de mettre Madrid en état
de siège. C'était une mesure extrême. Huit jours
après, le président du conseil tombait, laissant la
place à Salmeron.

Celui-ci, en prenant le pouvoir, prononça un
discours où il déclarait qu'il allait combattre éner-
giquement et par tous les moyens possibles l'in-

surrection cantonaliste. Cette déclaration lui valut les ovations de l'Assemblée. Salmeron tint parole. Peu de temps après, le général Pavia, par un hardi coup de main, s'emparait de Séville, et plusieurs des villes révoltées tombaient aux mains des troupes gouvernementales. On inaugurait bien du nouveau cabinet, lorsque, malheureusement, le président du conseil donna sa démission. Autrefois, il avait combattu, à la tribune, pour l'abolition de la peine de mort. A l'heure où il fallait une main de fer pour gouverner l'Espagne, Salmeron comprit que le sang des victimes de l'insurrection criait vengeance et qu'il fallait, à tout prix, châtier les coupables. Ne voulant pas agir contre les idées qu'il avait développées quelques années auparavant, il se retira devant Castelar et reprit la présidence des cortès.

Depuis longtemps, Castelar était appelé à occuper cette place, mais il n'avait pas encore jugé le moment venu de prendre le pouvoir. Cependant il céda aux instances de Salmeron, qui lui promit tout son concours et accepta la présidence du conseil. Castelar, républicain modéré, comprenait que la république se perdrait, en Espagne, si elle ne s'arrêtait sur la pente fatale où les intrigues de quelques factieux et les menées de l'Internationale l'avaient entraînée. Dans un discours aux cortès, prononcé

quelque temps auparavant, il avait dit ces paroles :
« Je désire que la république soit fondée par des
républicains, mais je désire aussi qu'elle se fortifie,
en empruntant aux conservateurs cet esprit de gouvernement, grâce auquel ils nous ont si souvent
vaincus et éliminés de la vie publique dans toute
l'Europe. »

Plus tard, après son arrivée aux affaires, il disait
encore : « Je vous le dis franchement, vous livrez
la démocratie à son plus mortel ennemi, à cette
démagogie qui conspire éternellement dans l'ombre,
qui n'a que des appétits et point d'idées, et, obéis-
sant à des instincts pervers, enseigne au peuple la
vengeance, quand il ne doit vouloir que la justice ;
à cette démagogie, enfin, qui répand dans l'air la
terreur sociale et prête aux Césars ses épaules pour
les hisser au pouvoir. Voilà ce que nous réprouvons
de toutes nos forces, voilà ce que nous combattrons
avec toute la vigueur de notre caractère et toute
l'énergie de notre autorité... Oui, nous tenons à
prouver que la vraie démocratie n'est pas seulement
la liberté, qu'elle est aussi l'ordre et la justice ;
qu'elle n'est pas seulement le droit, qu'elle est
l'autorité. Telle est notre ambition. Nous aspirons
à convertir la république en un parti de gouvernement. » On le voit, bien que partisan de la répu-

blique, l'orateur désapprouvait formellement tous les abus auxquels elle avait donné lieu.

Le gouvernement avait à lutter contre trois insurrections à la fois. Castelar commença par proclamer Madrid en état de siège, en supprimant la liberté de la presse et la liberté individuelle : puis il s'entoura de généraux habiles et commença hardiment la lutte. Moriones fut chargé de combattre, dans le Nord, l'insurrection carliste dont nous parlerons tout à l'heure, tandis que Martinez Campos, nommé capitaine général de la Catalogne, devait faire tous ses efforts pour venir à bout des intransigeants. Cependant, malgré leur incontestable valeur militaire, aucun de ces deux généraux ne put s'acquitter, d'une façon absolue, de la mission qui lui avait été confiée. Ici encore la politique vint leur lier les bras. Moriones n'attaqua pas assez résolument l'ennemi, et ses hésitations le perdirent. Quant à Martinez Campos, ce n'était un républicain que de nom, et il avait d'autres visées qui l'empêchaient de remplir son devoir.

A cette époque, une nouvelle complication vint rendre encore plus difficile la tâche du gouvernement. L'incident du *Virgilius* faillit amener une intervention armée de l'Angleterre et de l'Amérique. Le *Virgilius*, navire portant un grand nombre d'aventuriers anglais et américains, qui se rendaient à Cuba pour aider les habitants à secouer le joug de l'Espagne et à se rendre indépendants, fut capturé par la marine espagnole, et cinquante passagers, jugés sommairement, furent passés par les armes. De là, grande indignation en Angleterre et en Amérique surtout, le vaisseau naviguant sous pavillon américain. Mais, enfin, on s'assura que le navire n'avait aucun droit d'arborer ce pavillon, et l'affaire s'arrangea.

A Madrid, la situation s'aggravait de plus en plus, malgré les efforts de Castelar pour aplanir les difficultés qui surgissaient de tous côtés. De nouveaux partis naissaient : celui des serranistes et celui des alphonsistes. Les premiers, groupés autour du maréchal Serrano, s'efforçaient de renverser le président du conseil, sans bien savoir, au juste, ce qui suivrait sa chute. Les seconds voulaient rétablir la monarchie, avec le prince des Asturies, fils de la reine Isabelle. Pour comble de malheur, la mésintelligence se mit à régner entre Castelar et Salmeron, et bientôt leurs relations devinrent si tendues, qu'un appel au peuple fut jugé nécessaire.

Les événements venaient favoriser les projets de Serrano et de ses amis, parmi lesquels se trouvaient Martinez Campos et l'amiral Topete, un des soldats dont le nom est le plus populaire en Espagne. Les cortès étaient convoquées pour le 2 décembre. Le 3 janvier, Castelar recevait un vote de blâme et donnait sa démission. Aussitôt le capitaine général de Madrid, Pavia, envoyait aux cortès l'ordre de se séparer. Comme les députés résistaient, Pavia, accompagné de soldats, entra lui-même dans la salle des séances et la fit évacuer. Les serranistes se réunirent alors et formèrent un cabinet dont la présidence fut confiée au maréchal Serrano, et qui était composé des membres suivants : Sagasta, Garcia Ruiz, Balaguer, Topete, Zavala, Mosquera, Campos, Etchegaray.

L'émotion, produite à Madrid par la nouvelle du coup d'État, ne fut pas bien vive. Depuis longtemps on soupçonnait Serrano de vouloir s'emparer du pouvoir, et la conspiration, ourdie par lui et ses partisans, était le secret de tout le monde. On alla même jusqu'à prétendre que Castelar était du complot et que lui-même avait dirigé l'affaire. D'ailleurs, pour rassurer l'opinion publique, le ministère se hâta de déclarer que sa ferme intention était de respecter la constitution.

Aussitôt arrivé au pouvoir, Serrano alla au plus pressé. L'insurrection cantonaliste durait toujours, et dans le Nord les carlistes gagnaient de plus en

plus. Le maréchal décréta l'état de siège à Madrid,
puis on réunit sous les drapeaux tout ce qui restait
d'hommes valides dans le pays. Un fait digne de
remarque et qui prouve dans quel état précaire se
trouvaient les finances de la péninsule, c'est que,
malgré le grand besoin de soldats, on rétablit l'exo-
nération à prix d'argent, moyennant quinze cents
francs.Quelques mouvements de protestation avaient
eu lieu dans les provinces après le coup d'État de
Pavia, notamment à Barcelone. Ce fut Martinez
Campos que l'on chargea d'étouffer l'insurrection.
Il y réussit, après une lutte opiniàtre qui eut lieu
du 8 au 10 janvier dans les rues de Barcelone et
qui ensanglanta la ville.

Cependant Serrano, non content de son titre de
président du conseil, prit celui de président du pouvoir exécutif de la république. C'était une faute. Il
en commit une autre en formant un second cabinet,
d'où il exclut le seul membre républicain qui se
trouvait dans le premier, Garcia Ruiz, ministre de
l'intérieur. Le président de la république ne s'aper-
cevait pas, ou ne voulait pas s'apercevoir que, parmi
tous ses ministres, il n'y en avait pas un seul qui fût
républicain, et qu'ainsi le pays revenait insensible-
ment à la monarchie. Le parti des alphonsistes
devenait de jour en jour plus puissant. Le prince

des Asturies avait pour lui les conseils de Canovas del Castillo, un des hommes les plus fins de son époque. Déjà une proclamation avait été lancée par le fils d'Isabelle, sous le nom d'Alphonse XII. Serrano, au lieu de rester à Madrid où il eût pu surveiller de plus près les événements, se rendit dans le Nord pour soutenir l'armée dans sa lutte contre les carlistes.

C'est à ce moment que le mouvement en faveur d'Alphonse XII, qui se préparait sourdement depuis quelque temps, éclata. Un régiment, soulevé par Martinez Campos à Morviédro, près de Valence, fit un pronunciamiento en faveur du fils d'Isabelle. Les chefs de l'armée du Centre étaient de la conspiration; plusieurs imitèrent l'exemple donné par Martinez Campos. D'autres, sans se prononcer ouvertement pour le roi, ne firent aucune protestation. Serrano pouvait s'opposer au mouvement en marchant sur Madrid, à la tête de ses troupes, mais il laissa faire et passa en France. Le 3o décembre, Canovas del Castillo fit un pronunciamiento à Madrid et proclama Alphonse XII roi d'Espagne, puis il prit la présidence du conseil des ministres et nomma Martinez Campos lieutenant général du royaume. Pendant ce temps, le jeune roi, qui vivait à Paris, s'embarquait à Marseille pour l'Espagne, et entrait à

Madrid, le 14 janvier 1875, au milieu des acclamations du peuple. Laissons maintenant de côté les événements passés à Madrid et revenons aux carlistes, dont nous avons parlé tout à l'heure et avec lesquels on était loin d'en avoir fini.

Le carlisme est la maladie qui a le plus contribué à affaiblir l'Espagne. En apparence, don Carlos et ses partisans ont le droit pour eux; mais, si l'on discute quelque peu leurs prétentions, on voit qu'elles sont plus que contestables. Isabelle II, disent-ils, a usurpé le trône, en faisant abroger, en sa faveur, la loi salique qui défend aux femmes de régner en Espagne. Mais ils n'ajoutent pas que la loi salique a été importée, de France, par les Bourbons, et qu'elle n'existait pas dans les traditions de l'Espagne, qui fut florissante sous le règne d'Isabelle Ire. Si le carlisme n'a pu être étouffé complètement dans la péninsule, c'est qu'il a pour lui deux puissants éléments d'existence, dans son alliance avec le clergé et dans l'appui que lui prêtent certaines provinces, comme la Biscaye, le Guipuzcoa et l'Alava.

Jusqu'à l'avènement d'Isabelle II, les prêtres avaient été tout-puissants. Ils possédaient une grande partie des terres, et leur influence sur les populations était immense. Avec Isabelle, qui inaugurait l'ère de la royauté constitutionnelle, leur

prépondérance commença à être battue en brèche.
Ils comprirent qu'un mode de gouvernement parlementaire et libéral, en faisant pénétrer plus profondément dans la nation le sentiment de ses droits et
des libertés dont elle avait été privée jusque-là, leur
serait fatal. Don Carlos, représentant le système de
la monarchie absolue, leur donnait des garanties
d'existence qui les poussèrent à lui tendre la main
et à conclure une alliance avec lui.

Mais c'est surtout dans la région du nord de l'Espagne que le prétendant trouva l'aide le plus effi-
cace. Les provinces basques forment comme un
État dans l'État. Jusqu'à tout dernièrement elles
se gouvernaient elles-mêmes, ne fournissant ni im-
pôts ni soldats à l'Espagne. Leur langue étrange,
l'euskara, qui ne ressemble en rien à l'espagnol et
aux idiomes des pays environnants, contribuait
encore à les séparer du reste du pays. Dans ces
régions, où la culture intellectuelle est presque
nulle, l'influence du clergé se fait surtout sentir.
L'habitant ne sait ce qui se passe hors de chez lui
que par ce que lui en disent les prêtres. Or, ceux-ci
mettent tous leurs efforts à persuader aux populations que la royauté constitutionnelle leur enlève
leur indépendance et leurs droits, tandis que
Charles VII respecterait les traditions anciennes

et leur restituerait toutes leurs libertés. Voilà pourquoi les provinces basques, ainsi que certaines parties de la Catalogne et de la Navarre sont dévouées au prétendant et lui fournissent des combattants. Comme ces montagnards sont habitués à mener une existence rude et toute de privations, ils forment d'excellents soldats, d'autant plus dangereux que la nature abrupte de leur sol prête admirablement aux guerres d'attaques et d'escarmouches.

C'est en 1873, sous le règne d'Amédée, que l'insurrection carliste éclata. Dès le début, les insurgés se distinguèrent par un degré de cruauté extrême. Le pillage, l'incendie, les massacres suivaient partout les troupes carlistes. Les prêtres accompagnaient les combattants, quand ils ne les commandaient pas, les poussant au meurtre et au brigandage. Saballs faisait fusiller soixante volontaires à Berga, et à Estella plus de deux cents prisonniers étaient précipités dans le gouffre d'Iguzquita, par ordre de Rosa Samaniego.

Tandis que ses capitaines luttaient pour lui en Espagne, où d'ailleurs, il faut le dire, on ne les combattait que fort mollement, Charles VII restait tranquillement en France, et ce ne fut que pas mal de temps après l'ouverture des hostilités, alors que son absence soulevait déjà des murmures parmi

ses partisans, que don Carlos se décida à passer la
frontière et à établir son quartier général à Estella.
Moriones, envoyé contre lui, le battit à Puente-la-
Reyna, à Barbarin, et le contraignit à abandonner
Estella, mais, bientôt après, les carlistes étaient
vainqueurs à Puycerda, à Tolosa, et regagnaient
toutes leurs positions. Il eût fallu, alors, attaquer
franchement l'ennemi, mais, à Madrid, on avait
d'autres préoccupations. On laissa aux carlistes le
temps de se fortifier. Tous les jours, de nouveaux
partisans venaient grossir leur nombre. Des secours
et des munitions leur arrivaient de toutes parts. Ils
s'emparèrent de Portugalète, place de première
importance, d'où ils menaçaient Bilbao. Il fallait, à
tout prix, les empêcher d'entrer dans la capitale de
la Biscaye. On envoya contre eux Primo de Rivera
et Moriones. Le premier reprit Portugalète, mais
Moriones se fit battre à San-Pedro-d'Abanto.

La nouvelle de cette défaite fit enfin quelque bruit
à Madrid. Serrano et l'amiral Topete partirent pour
l'armée du Nord, afin de remonter le courage des
soldats. Mais leur présence sur le théâtre des hostilités ne changea rien à la situation. Quelque temps
après, seulement, le général Concha remporta, sur
les carlistes, une victoire qui les obligea à rompre
le blocus de Bilbao, et il était sur le point de leur

porter le coup décisif, en s'emparant d'Estella,
lorsqu'il tomba, frappé mortellement d'une balle,
à Pena-de-Muro. Cette mort fut fatale aux libéraux.
Les carlistes reprirent vivement l'offensive et cher-
chèrent à terroriser l'ennemi, en passant par les
armes plus de quatre cents prisonniers. Ils réus-
sirent, peu de temps après, à se rendre maîtres de
la Seo-de-Urgel.

Les insurgés devenaient plus menaçants que
jamais. On envoya à l'armée Martinez Campos,
mais il ne put remplacer Concha. A cette époque
se place un incident qui faillit faire perdre aux
partisans de don Carlos tout le fruit de leurs victoires. Des soldats carlistes avaient attaqué, au
mépris du droit des gens, un navire allemand,
le Gustav, échoué sur le rivage espagnol, et, après
avoir dirigé leur feu sur les marins, avaient pillé
le bâtiment. Quand on apprit la chose à Berlin,
de vives protestations s'élevèrent de toutes parts.
Les carlistes, menacés d'une intervention armée,
offrirent de payer une indemnité, et les passagers
du *Gustav* reçurent une somme de dix-sept mille
douros (85,000 fr.).

Le commencement de l'année 1875 ne marqua
d'abord pas de succès bien dessiné pour l'un ou
l'autre des deux partis. Les libéraux, vainqueurs à

Pampelune et à Puente-la-Reyna, furent repoussés à Lorca et à Elcano. Mais, après une apparition du roi Alphonse à l'armée du Nord, la fortune se déclara définitivement pour les troupes royales. Don Carlos, vaincu successivement à Flix, à Vistabella et dans l'Alava, fut obligé de se retirer dans la Navarre. Il espérait pouvoir reprendre l'offensive, mais ses espérances furent trompées. Le moment était venu où tous les efforts du clergé et du prétendant allaient tomber devant la volonté de la nation. Les défaites continuèrent pour les carlistes, se succédant sans interruption. Puycerda, la Seo-de-Urgel, Pampelune, Bilbao retombaient l'une après l'autre aux mains des libéraux. Le 18 février 1876, le roi Alphonse prenait le commandement en chef de l'armée, et, le lendemain même, Primo de Rivera entrait à Estella. La guerre était finie. Quelques jours après, don Carlos s'enfuyait en Angleterre, tandis que le roi Alphonse XII rentrait triomphalement à Madrid, à la tête de son armée victorieuse.

Nous avons appuyé, un peu longuement, sur les événements passés dans la péninsule pendant la république et sur les guerres carlistes, afin de prouver qu'une royauté constitutionnelle et comprenant largement toutes les libertés est, aujourd'hui, le seul

mode de gouvernement possible en Espagne. Nous
passerons un peu plus rapidement sur le règne d'Alphonse XII et nous rappellerons seulement deux faits
marquants qui viennent à l'appui de notre cause, en
démontrant combien l'antipathie de la nation espagnole pour l'Allemagne est vive, et combien, au contraire, ses aspirations vont vers la France.

L'Allemagne s'est toujours efforcée d'aliéner à
la France toutes les nations qui, par leur similitude de race ou par leurs intérêts, pouvaient être
amenées à se rapprocher d'elle. En 1866, elle
mettait un Hohenzollern sur le trône de Roumanie,
petit pays d'Orient, composé de cinq millions d'habitants, qui était et qui est resté, malgré tout, entièrement attaché à la France. En 1870, elle essayait
de donner à un autre Hohenzollern, frère du roi de
Roumanie, la couronne d'Espagne. On a vu comment les négociations, menées entre le général
Prim et le chancelier allemand, ont avorté. Mais
c'est surtout pendant le voyage du roi Alphonse en
Allemagne et en France, et lors de l'affaire des
Carolines, survenue plus tard, que l'on a pu voir
percer chez les Allemands le désir extrême de
brouiller la France avec l'Espagne, tout en conservant pour eux l'amitié de cette dernière.

On se souvient du passage, à Paris, du roi

Alphonse XII. Après bien des instances, l'Allemagne avait obtenu que le jeune souverain vînt faire une visite à l'empereur Guillaume. On lui fit, à Berlin, les plus grands honneurs et on le nomma colonel d'un régiment de cavalerie. En quittant Berlin, Alphonse XII voulut venir à Paris, prouvant ainsi que si des raisons politiques l'avaient obligé à se rendre en Allemagne, toutes ses sympathies étaient pour la France, où il avait vécu autrefois, quand il n'était encore que prince des Asturies. Ce fut alors que quelques centaines de voyous, soudoyés habilement par des agents allemands, accueillirent Alphonse XII, à son arrivée à Paris, par des cris et des protestations. Si cela était arrivé à Berlin, le peuple espagnol se fût soulevé tout entier ; mais il ne fut pas dupe des menées allemandes. Il comprit que l'on cherchait tout bonnement à provoquer une rupture entre la France et l'Espagne, et cet incident ne fit qu'accroître sa haine contre l'Allemagne. Aussi, lors de l'affaire des Carolines, cette haine éclata brusquement, au point d'amener presque un conflit entre les deux pays.

Un navire allemand avait planté son pavillon sur une île du groupe des Carolines appartenant à l'Espagne. Sur les réclamations de la marine espagnole, les autorités allemandes refusèrent de quitter

l'île. Lorsque la dépêche annonçant ces faits arriva
à Madrid, où elle fut aussitôt reproduite par les
journaux, ce fut une explosion. Toute la ville se
souleva. On courut à l'ambassade d'Allemagne, aux
cris de : « Mort à l'Allemagne! Mort à Guillaume! »
On arracha l'écusson et les drapeaux que l'on pro-
mena, comme des trophées, à travers les rues. Des
forcenés avaient apporté du pétrole et menaçaient
de mettre le feu à l'ambassade, dont la police eut
grand'peine à protéger le personnel. Dans les provinces, l'indignation ne fut pas moindre. Partout le
peuple demandait réparation de l'injure qui lui était
faite. A Barcelone, une insurrection faillit éclater et
le sang coula. A Malaga, la populace parcourait les
rues et l'Alameda, portant partout des étendards
français et espagnols et poussant le cri de : « Mort
aux Allemands! » Le gouverneur voulut tenir tète
à l'émeute. On faillit l'assommer à coups de pierres
et la foule entonna la *Marseillaise*. L'Allemagne
comprit qu'il fallait céder, sous peine de voir le roi
Alphonse obligé, par la volonté du peuple, de lui
déclarer la guerre, et, tel était le désir du prince de
Bismarck de se conserver l'amitié de l'Espagne,
qu'il céda et que le colosse allemand s'humilia devant la juste indignation d'un petit peuple fort de
son droit et prêt à tout oser pour le reconquérir. Le

pape fut choisi comme arbitre et trancha la question
en faveur de l'Espagne.

Ces deux faits du règne d'Alphonse XII prouvent
que, malgré tous ses efforts pour isoler la France
du reste de l'Europe, l'Allemagne ne parviendra pas
à lui aliéner les sympathies des nations qui lui sont
naturellement amies. Certes, la puissance militaire de
l'Allemagne est considérable, mais le secret de sa
force consiste surtout dans ses alliances. Seule, elle
ne pourrait rien : alliée à l'Autriche et à la Russie,
elle dicte ses lois au monde entier. Et cependant, si
l'on recherchait la raison de ces alliances, si l'on
examinait, de près, les liens qui unissent aujourd'hui
les trois nations, on verrait qu'ils sont bien fragiles
et qu'il suffirait de bien peu de chose pour les
rompre. La Russie surtout, qui se trouve unie à sa
voisine, grâce à la profonde diplomatie du chancelier
allemand, se détachera forcément, un jour, d'une
alliance qui est contraire à l'esprit de la nation. Une
haine séculaire existe entre le Russe et l'Allemand,
haine qui amènera fatalement un choc formidable
entre les deux nations. Pourquoi la France ne re-
chercherait-elle pas l'alliance de la Russie? Pourquoi n'essayerait-elle pas de former une coalition
des nations latines (France, Espagne, Italie, Roumanie), coalition qui, unie à la Russie, formerait

une chaîne barrant l'Europe dans toute sa largeur, et arrêterait l'élan de la race germanique. Tous ces peuples sont naturellement portés vers la France. En Russie, le français est répandu partout, et d'ailleurs la haine contre l'Allemagne suffirait à attirer à la France l'amitié de la nation russe. En Roumanie, État qui peut disposer aujourd'hui d'une armée de plus de trois cent mille hommes, organisée d'après le modèle des meilleures armées d'Europe, le culte pour la France est tel que, lors des désastres de 1870, le deuil était à Bukarest, et que des manifestations éclatèrent même, au cours desquelles la foule brisa les vitres de l'ambassade d'Allemagne. L'Italie, elle, ne peut oublier que pendant long-temps l'Autriche a détenu ses plus belles provinces, et qu'aujourd'hui encore, des Italiens sont soumis au joug allemand. D'ailleurs, n'est-ce pas à la France que l'Italie doit de compter, aujourd'hui, parmi les grandes puissances de l'Europe?

Quant à l'Espagne, nous avons suffisamment montré combien ses tendances la portent vers la France, et nous n'insisterons plus sur ce point. Nous dirons seulement qu'aujourd'hui la péninsule se repose des secousses qu'elle a éprouvées pendant ces derniers temps. Les épreuves par lesquelles l'Espagne a passé lui ont prouvé que le seul refuge de l'ordre et de la tranquillité, pour elle, se trouve dans la royauté actuelle. Aussi l'Espagne aimait son roi, et toute son affection s'est reportée sur la veuve et l'orphelin qu'Alphonse XII a laissés derrière lui. Il est impossible de dire jusqu'à quel point la reine Marie-Christine est populaire dans la nation, et, certes, la jeune souveraine mérite bien l'amour de ses sujets. Qui ne se rappelle ses visites aux malheureuses victimes du choléra et des tremblements de terre, les soins touchants et les paroles consolatrices qu'elle leur prodiguait? Qui ne se souvient, surtout, de sa clémence dans le semblant d'émeute qui a éclaté tout dernièrement à Madrid?

Une échauffourée avait eu lieu, au cours de laquelle deux officiers, le général Velarde et le comte de Mirasol, avaient été tués. La reine, quoique brisée de douleur par la mort récente d'Alphonse XII, n'écouta que son cœur, et, malgré l'état de sa santé, elle alla, spontanément et en habits de deuil, porter ses consolations aux veuves de ceux qui étaient morts en défendant la couronne. Cette démarche, si noble, fit une profonde impression sur l'esprit des Espagnols, et l'amour qu'ils portaient à leur jeune souveraine s'accrut encore lorsque la reine, touchée par les sanglots d'une malheureuse qui se jetait à ses pieds, implorant la grâce d'un coupable,

ne put, elle-même, retenir ses larmes, et accorda à
la fille du général Villacampa la vie de son père.
Ces exemples de grandeur d'âme et de clémence
sont mieux faits pour affermir une couronne que
la diplomatie des ministres et l'épée des généraux.
Il semble que le peuple espagnol soit comme ces
chevaux de pur sang, que ne peut conduire la main,
toujours un peu brutale, d'un homme, et qui obéis-
sent au moindre geste d'une jeune et jolie femme.

Et maintenant, si l'on nous reproche d'avoir agité
ici des questions trop hautes pour notre compé-
tence, nous répondrons que nous aimons, de toute
notre âme, la France, qui a été pour nous une
seconde patrie, et que nous souffrons profondément
de la voir reléguée au second plan, alors que sa
place est toute désignée au premier rang des nations
européennes. Peut-être ces idées, tracées par une
plume trop peu autorisée, seront-elles émises en
pure perte; mais, en tout cas, nous aurons agi selon
notre conscience et atteint un double but, en travail-
lant pour la France, et en donnant une marque de
profonde et respectueuse sympathie à celle qui veille
sur un berceau, là-bas, dans le sombre palais royal
de Madrid, seule avec son deuil et sa souffrance.

Espagne, février 1887.

Paris. — Soc. d'imp. PAUL DUPONT (Cl.) 176.3.87.